ART FLAMAND

Donation Jean Masson

Exposition de Juillet 1930

Prix : 4 fr.

Reluire Devel 2011

ART FLAMAND

Donation Jean Masson

Exposition de Juillet 1930

ART FLAMAND

DESSINS - ENLUMINURES
LIVRES ILLUSTRÉS

APPARTENANT A LA

Donation Jean Masson

Exposés à la Bibliothèque Nationale

(Salle Mortreuil)

De Juillet 1930

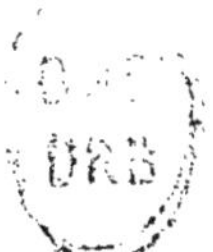

DESSINS ET ENLUMINURES

1. **Anonyme.** XIIe siècle. Titre du *Liber retractationum* de Saint Augustin. Enluminure. Provient de Saint-Lambert de Liessies. H. 0,357. L. 0,231.

2. — XIIe siècle. Lettre initiale I décorant un feuillet provenant d'un livre de gloses sur les psaumes. Enluminure. H. 0,372. L. 0,252.

3. — XVe siècle. Donatrice devant sainte Madeleine. Enluminure. Provenant d'un Livre d'Heures. H. 0,179. L. 0,130.

4. — XVe siècle. Saint Luc dessinant la Vierge. H. 0,158. L. 0,153.

5. — XVe siècle. (Attribué à l'école de Gérard de Saint-Jean.) Etude pour une Crucifixion. H. 0,287. L. 0,206.

6. — XVe siècle. Sainte Femme en prière. H. 0,210. L. 0,165.

7. — XVe siècle. (Attribué à l'école de Hugo van der Goes.) Deux donatrices agenouillées. H. 0,250. L. 0,195.

8, 9, 10, 11. — Début du XVIe siècle. (École ganto-brugeoise.) Quatre feuillets provenant d'un antiphonaire, décorés de bordures et de lettres initiales, ornées de scènes du Nouveau et de l'Ancien Testament. Enluminure. H. 0,300. L. 0,432. — H. 0,310. L. 0,460. — H. 0,324. L. 0,472. — H. 0,332. L. 0,472.

12. — Première moitié du XVIe siècle. Vierge glorieuse. H. 0,229. L. 0,128.

13. — Première moitié du XVIe siècle. La Pentecôte. H. 0,063. L. 0,050.

14. **Anonyme**. Première moitié du XVIe siècle. Le Christ bafoué et couronné d'épines. Enluminure. H. 0,100. L. 0,71.

15. — Première moitié du XVIe siècle. Deux feuillets de Missel ornés de motifs héraldiques et de rinceaux. Enluminure. H. 0,310. L. 0,414; H. 0,306. L. 0,267.

16. — XVIe siècle. Lettre initiale B et rinceaux de feuillages en camaïeu vert ornant un feuillet de Missel. Enluminure. H. 0,312. L. 0,253.

17. — Vers 1550. Pieta. Enluminure. H. 0,136. L. 0,85.

18. — XVIe siècle. Feuillet d'un bréviaire orné d'une lettre initiale S et de bordures figurant une procession. Enluminure. H. 0,155. L. 0,102.

19. — XVIe siècle. Croquis de la façade d'un château. H. 0,187. L. 0,300.

20. — XVIe siècle. Incendie d'une grande ville au bord de la mer. H. 0,185. L. 0,302.

21. — XVIe siècle. La Mise au Tombeau. De forme ronde. Diam. 0,245.

22. — XVIe siècle. Le Jugement de Pâris. De forme ronde. Diam. 0,162.

23. — XVIe siècle. Narcisse se mirant à la fontaine. Enluminure. De forme ronde. Diam. 0,74.

24. — XVIe siècle. Vénus pleurant sur le cadavre d'Adonis. Enluminure. H. 0,056. L. 0,112.

25. — XVIe siècle. Apollon poursuivant Daphné. H. 0,188. L. 0,255.

26. — XIIe siècle. La Nativité. H. 0,349. L. 0,281.

27. — XVIe siècle. Crucifixion. En forme de triptyque incurvé. H. 0,332. L. 0,305.

28. **Anonyme.** XVIe siècle. Le Christ vainqueur de la Mort. H. 0,370. L. 0,296.

29. — XVIe siècle. Scène de guerre civile dans une ville. H. 0,207. L. 0,276.

30. — XVIe siècle. Marcus Curius se jetant dans un gouffre. H. 0,203. L. 0,315.

31. — XVIe siècle. Le joute à l'oie. H. 0,168. L. 0,223.

32. — XVIe siècle. Le triomphe de l'Amour. Enluminure. H. 0,108. S. 0,155.

33. — XVIe siècle. Instruments de cuisine assemblés de manière à former un buste d'homme. H. 0,200. L. 0,146.

34. — XVIe siècle. Cupidon présentant à une femme l'image d'un cœur percé de deux flèches. H. 0,157. L. 0,201.

35. — XVIe siècle. Quatre études de costumes de femmes. H. 0,152. L. 0,196.

36. — XVIe siècle. Danse villageoise. H. 0,225. L. 0,333.

37. — XVIe siècle. Paysage composé. H. 0,186. L. 0,261.

38. — XVIe siècle. Paysage composé. H. 0,246. L. 0,341.

39. — XVIe siècle. Ruines antiques. H. 0,220. L. 0,280.

40. — Début du XVIIe siècle. Flagellation du Christ. Lavis. H. 0,118. L. 0,159.

41. — Début du XVIIe siècle. Martyre de saint Hippolyte. H. 0,390. L. 0,228.

42. — Début du XVIIe siècle. Jésus au Jardin des Oliviers. H. 0,200. L. 0,160.

43. — Début du XVIIe siècle. Paysage composé. H. 0,211. L. 0,280.

44. **Anonyme**. XVIIe siècle. Paysage rural. H. 0,234. L. 0,365.

45. — XVIIe siècle. Le repos des laboureurs. H. 0,197. L. 0,256.

46. — XVIIe siècle. Paysage boisé avec Tobie et l'Ange. H. 0,188. L. 0,280.

47. — XVIIe siècle. Sous bois avec cinq soldats. H. 0,208. L. 0,295.

48. — XVIIe siècle. La servante de Salomé recevant la tête de saint Jean-Baptiste. H. 0,277. L. 0,169.

49. — XVIIe siècle. Gentilhomme et Dame conversant. H. 0,315. L. 0,213.

50. — XVIIe siècle. Saint François d'Assise et la Vierge intervenant auprès du Christ pour le salut des hommes. H. 0,365. L. 0,228.

51. — XVIIe siècle. Saint François d'Assise ressuscitant un enfant. H. 0,180. L. 0,132.

52. — XVIIe siècle. Marine. H. 0,80. L. 0,120.

53. — XVIIe siècle. Paysage au bord d'une rivière. H. 0,184. L. 0,301.

54. — XVIIe siècle. Paysage avec une église au bord d'un étang. H. 0,208. L. 0,309.

55. — XVIIe siècle. Paysans écoutant un joueur de cournemuse dans une ferme en Italie. H. 0,337. L. 0,480.

56. — XVIIe siècle. Ronde de paysans et couple s'embrassant. H. 0,75. L. 0,198.

57. — XVIIe siècle. Deux sujets décoratifs peut-être pour un clavecin. De forme irrégulière. H. 0,130. L. 0,374.

58. **Alsloot (Denis van)** (1599-vers 1628). Paysage boisé. Signé et daté 1608. H. 0,204. L. 0,274.

59. **Aspruck (Frans)** (XVIe siècle). Allégorie. Signé. H. 0,166. L. 0,211.

60. **Backer (Jacob de)** (vers 1560 † vers 1590). Adam et Eve pleurant la mort d'Abel. Signé et daté 1561. H. 0,208. L. 0,310.

61. **Balten (Pieter)** († 1598 ?). Descente aux limbes burlesque. Signé et daté 1564. H. 0,177. L. 0,567.

62. **Bargas (A. F.)** (XVIIe siècle). H. 0,157. L. 0,205.

63. **Baudewyns (Adriaen Frans) dit le Vieux** (1644-1711). Paysage montagneux. Signé et daté 1711. H. 0,171. L. 0,284.

64. **Blès** (attribué à **Henri Met de**) (1480 † après 1550). Paysage accidenté. H. 0,222. L. 0,293.

65. **Bloemen (Jan Frans van) dit l'Orizonte** (1662-1749). Ruines du temple de la paix à Rome. H. 0,303. L. 0,460.

66. — Bords d'un lac italien. H. 0,273. L. 0,413.

67. — **(Pieter)** (1657-1720). Traite d'une vache. H. 0,152. L. 0,147.

68. **Bol (Hans)** (1534-1593). Paysage avec Pyrame et Thysbé. Signé et daté 1571. H. 0,158. L. 0,249.

69. — Paysage avec le Sacrifice d'Abraham. H. 0,157. L. 0,249.

70. — Paysage avec la chute de Phaëton. H. 0,255. L. 0,375.

71. — La Moisson. H. 0,142. L. 0,250.

72. — S. Jacques le Majeur à la bataille de Clavigo. Signé et daté 1580.

73. — (attribué à). Scènes de chasse. H. 0,176. L. 0,255.

74. **Bosch (Balthazar van den)** (1681-1715). Paysan présentant à leurs seigneurs des redevances en nature. H. 0,200. L. 0,310.

*

75. **Bout (Peeter)** (1658-1719). Pêcheurs sur une plage. H. 0,130. L. 0,158.

76. **Bouts Aelbert** († 1549). Tête de Christ couronné d'épines. De forme ronde. Diam. 0,146.

77. **Bril (Paul)** (1552-1626). Paysage lacustre. Daté 1583. H. 0,169. L. 0,245.

78. — Sept feuillets d'album représentant des vues d'Italie datées de Rome, 1606, format moyen. H. 0,155. L. 0,200.

79. — Paysage avec un bac. Signé. H. 0,180. L. 0,150.

80. — Torrent. Paysage d'Italie. Signé. H. 0,180. L. 0,159.

81. — Bords du Tibre à Rome. Signé et daté 1620. H. 0,282. L. 0,422.

82 — Paysage. Étude pour le Pan et Syrinx du Musée du Louvre. H. 0,141. L. 0,213.

83. — (École de). Paysage avec Pan et Syrinx. Inspiré du tableau cité précédemment. H. 0,269. L. 0,428.

84. — (École de). Vue d'un monastère en Italie. H. 0,171. L. 0,238.

85. **Bruegel (Ambrosius)** (1617-1675). Moulin dominant une rivière. Signé du monogramme. H. 0,185. L. 0,193.

86. **Bruegel (Jan)** dit **de Velours** (1568-1625). Moulin au bord d'un fleuve. H. 0,200. L. 0,313.

87. — Canal vu en enfilade. H. 0,185. L. 0,284.

88. — Chalands chargés de bois et barques descendant un fleuve. H. 0,114. L. 0,328.

89. — Estuaire d'un fleuve. H. 0,123. L. 0,193.

90. — Route animée de plusieurs chariots. H. 0,171. L. 0,276.

91. **Bruegel (Jan)**. Vue cavalière d'une vallée. H. 0,334. L. 0,448.

92. — Vue d'un canal traversant un bourg. H. 0,127. L. 0,198.

93. — Bords d'un fleuve. H. 0,188. L. 0,297.

94. — **(Pieter)** dit **le Drôle** (vers 1528 † 1569). Le Misanthrope dépouillé par le monde. Signé du nom. De forme ronde. Diam. 0,162.

95. — **(Pieter)**. Ville fortifiée avec un port. H. 0,125. L. 0,205.

96. — (École de **Pieter**) Ulespiegel et sa famille en voyage. H. 0,196. L. 0,304.

97. — (École de **Pieter**). La Tentation de saint Antoine. H. 0,196. L. 0,295.

98. **Bry (Théodore de)** (1561-1623). Frise composée de guerriers antiques. H. 0,681. L. 0,268.

99. **Coecke (Pieter)** dit **Van Aelst** (1502-1555). Cortège oriental. H. 0,222. L. 0,385.

100. **Coeberger (Wenzel)** (1561-1634). La Mise au tombeau. H. 0,257. L. 0,207.

101. **Cock (Hieronymus)** (vers 1510 † 1570). Intérieur d'une ville gothique. H. 0,124. L. 0,203.

102. — Vue d'un château fort. H. 0,100. L. 0,188.

103. — Tombeau antique dans la campagne romaine. H. 0,184. L. 0,268.

104. **Coninxloo (Gillis Van)** (1544-1607). Deux dessins circulaires formant pendants et représentant dans un paysage un ange secourant Agar et la chute d'Icare. Signé. Diam. 0,185.

105. — (École de). Paysage boisé. H. 0,268. L. 0,322.

106. **Coppens (Augustin)** (XVIIe siècle). Vue des ruines de la rue des Longs Charriots après l'incendie et le bombardement de Bruxelles en 1695. H. 0,182. L. 0,260.

107. **Coxie** (attribué à **Michel van**) (1499-1592). Le Triomphe de la Mort. Monogrammé et daté 1566. H. 0,191. L. 0,373.

108. **Crayer** (attribué à **Caspar de**) (1584-1669). Ronde d'enfants conduite par Cupidon. H. 0,187. L. 0,397.

109. **Crussens** (**Anton**). Route à l'approche d'une ville. Signé. H. 0,243. L. 0,332.

110. **Dalem** (attribué à **Cornelis van**) (1535?-vers 1573?) Vue prise à l'intérieur d'une ville. H. 0,203. L. 0,188.

111. **Diepenbeck** (**Abraham van**). Saint Héraclius et sainte Agnès. Deux dessins formant pendants et repassés à la pointe. H. 0,092. L. 0,063.

112. — La Naissance de Vénus. Pierre noire. De forme ronde. Diam., 0,209.

113. — Scène antique. Trois hommes assassinant une femme dans son lit. H. 0,216. L. 0,235.

114. — La Chasse au sanglier. H. 0,212. L. 0,355.

115. **Dusart** (**Christian Jansz**) (1618-1682?). Portrait de femme en buste. De forme ovale. Signé et daté 1649. H. 0,426. L. 0,323.

116. **Dyck** (**Anton van**) (1599-1641). Judas entraînant les Juifs à l'arrestation du Christ. H. 0,242. L. 0,343.

117. — Esquisse pour un sujet antique. H. 0,440. L. 0,206.

118. — Le Festin de Sardanapale. H. 0,194. L. 0,272.

119. — Feuille d'étude, peut être pour une résurrection de Lazare. H. 0,282. L. 0,268.

120. — (École de). Saint Sébastien soigné par les saintes Femmes. H. 0,256. L. 0,372.

121. — (École de). Mise au tombeau. H. 0,192. L. 0,162.

122. — (École de). Étude de mains. H. 0,221. L. 0,180.

123. — (d'après). Tête d'homme vue de profil. H. 0,107. L. 0,132.

124. **Flamen** (**Albert**) (XVIIe siècle). Trois dessins pour l'illustration d'une Bible. H. 0,101. L. 0,159.

125. — Chasse au canard sauvage. H. 0,124. L. 0,207.

126. — Chasse au faucon.

127. **Floris** (**Frans**) (1516-1750). Les Arts, les Sciences et les Métiers. H. 0,195. L. 0,415.

128. — L'Enfant prodigue dépouillé par les courtisanes. H. 0,202. L. 0,159.

129. — Jacob poignardant Anasias. De forme ronde. Diam. 0,148.

130. **Garemyn** (**Jan Anton**) (1712-1799). Le joueur de vielle. Daté 1757. H. 0,313. L. 0,197.

131. — Tête d'un jeune garçon. Daté 1760. H. 0,193. L. 0,155.

132. **Geldorp** (**Georg**) XVIIe siècle. Portrait allégorique d'une dame. H. 0,193. L. 0,150.

133. **Genoels** (**Abraham**) (1640-1723). Confluent au pied d'un promontoire rocheux. H. 0,237. L. 0,420.

134. — Bords de rivière. H. 0,226. L. 0,170.

135. **Gossaert** (**Jan**) dit **Van Mabuse** (1478-1533?). Décollation de saint Jean-Baptiste. Signé. De forme ronde. Diam. 0,245.

136. **Isaaks** (**Pieter Franz**) (1569-1625). Le Baptême du Christ. Signé. H. 0,434. L. 0,362.

137. — **Jordaens** (**Jacob**) (1593-1678). Un atelier de sculpteurs. H. 0,399. L. 0.500.

138. **Jordaens (Jacob)**. La Justice, la Foi et la Charité. H. 0,222. L. 0,180.

139. — Personnage sur l'escalier d'un temple. H. 0,255. L. 0,149.

140. — La Construction de l'Arche. H. 0,300. L. 0,263.

141. — Scène de cuisine. H. 0,215. L. 0,288.

142. — Le Satyre et le Paysan. H. 0,253. L. 0,210.

143. — (attribué à). Étude pour un homme lutinant une servante. H. 0,229. L. 0,337.

144. **Keerincx (Alexandre)** (1600-1652). Paysage boisé et marécageux H. 0,098. L. 0,147.

145. **Le Febvre (Valentin)** (1642-1700). Assomption de la Vierge, d'après Véronèse. H. 0,433. L. 0,295.

146. — Groupe de femmes avec un guerrier, d'après Titien. H. 0,160. L. 254.

147. **Lely** (attribué à **Peeter van der Faes** dit) (1618-1680). Étude d'un gentilhomme. H. 0,366. L. 0,195.

148. **Lint (Peter van)** (1 09-1690). Loth et ses filles, d'après Frans Floris. Signé. H. 0,306. L. 0 367.

149. **Lintelo (Johan van)** (XVIIe siècle). Allégorie. Signé. H. 0,132. L. 0,171.

150. — Cupidon. Daté 1609. H. 0,146. L. 0,187.

151. — **Maes (Godfried)** (1649-1700). Apollon écorchant Marsyas. Signé. H. 0,260. L. 0,359.

152. — Le triomphe de la religion chrétienne. H. 0,118. L. 0,169.

153. — Allégorie sur l'Amour. H. 0,151. L. 0,088.

154. — **Maître au Monogramme A. G.** (Début du XVIIe siècle). Triomphe de Pompée. Daté 1624. H. 0,284. L. 0,346.

155. **Mander** (**Karel van**) dit **le Vieux** (1548-1696). Kermesse flamande. Signé et daté 1591. H. 0,342. L. 0,445.

156. — (attribué à). La Rixe. H. 0,310. L. 0,500.

157. — (attribué à **Karel van**) dit **le Jeune** (vers 1579-1623). Festin de Dieux et de déesses. H. 0,217. L. 0,252.

158. **Massys** (**Cornelis**) (vers 1512 † vers 1580). Paysage. H. 0,512. L. 0,268.

159. **Meulen** (**Adam Frans van der**) (1632-1690). La reddition de Bude par les Turcs à Charles de Lorraine en 1686. H. 0,382. L. 0,564.

160. — Siège de Besançon. H. 0,271. L. 435.

161. — Arrivée d'un seigneur en carrosse devant le front des armées. H. 0,141. L. 218.

162. — Vue cavalière d'un quartier de la ville de Douai. H. 0,197. L. 0,313.

163. — Croquis pris dans la ville de Courtrai. H. 0,133. L. 0,196.

164. — Le Couvent des Ursulines à Courtrai. H. 0,095. L. 0,155.

165. — Vue cavalière d'un couvent de Jacobins dans une ville. H. 0,120. L. 0,195.

166. — Vue d'une porte de ville dans le Nord. H. 0,120. L. 0,197.

167. — Vue de l'église Sainte-Gudule à Bruxelles. H. 0,165. L. 0,219.

168. — Portrait en buste d'un jeune gentilhomme. H. 0,229. L. 0,176.

169. — (attribué à **Adam Frans van der**). Vue sur une plaine. H. 0,222. L. 0,335.

170. **Mirou** (attribué à **Antoine**) (1570-1653). Paysage accidenté. H. 0,339. L. 0,474.

171. **Momper** (attribué à **Joos de**) (1564-1635). Paysage. H. 0,256. L. 0,291.

172. — (École de). Paysage montagneux. H. 0,229. L. 0,332.

173. — **Miel (Jan)** (1599-1664). Fête villageoise. H. 0,160. L. 0,264.

174. **Neeffs (Peeter)** dit **le Vieux** (XVIIe siècle). Intérieur d'église. Signé. H. 0,147. L. 0,210.

175. **Neyts (Gillis)** (1623-1687). Vue d'un torrent. Signé. H. 0,148. L. 0,194.

176. — Abbaye et village de Malonne. H. 0,128. L. 0,202.

177. **Nieulandt** (attribué à **Adriaen van**) (1587-1658). Rivière traversée par une passerelle. H. 0,180. L. 0,280.

178. — Vue de l'arc de Titus et des ruines du Temple de Vénus à Rome. H. 0,194. L. 0,430.

179. **Ommeganck (Balthasar-Paul)** (1715-1826). Deux têtes de brebis. H. 0,200. L. 0,312.

180. **Orley** (école de **Bernard Van**) (vers 1493-1542) Charles-Quint en buste. H. 0,243. L. 0,166.

181. — **(Jan Van)** (1665-1735). Épisode de la légende de Saint Bernard. H. 0,118. L. 0,084.

182. **Peeters (Bonaventure)** (1614-1652). Remparts d'une ville. H. 0,175. L. 0,303.

183. — Bateau sortant d'un port. H. 0,200. L. 487.

184. — Vue des fossés d'une ville. H. 0,127. L. 0,399.

185. **Pourbus (Peeter Jansz)** (vers 1510-1584). Projet pour un triptyque de N.-D. des sept douleurs aujourd'hui à Saint-Jacques de Bruges. Signé. H. 0,203. L. 0,355.

186. — Portrait d'une dame de qualité et de sa fille. Monogrammé. H. 0,179. L. 0,150.

187. **Pylman (Hermann)** (XVIIIe siècle). La Moisson. Signé. H. 0,217. L. 0,185.

188. **Quellinus (Jan Erasmus)** (1634-1715). Mercure amoureux d'Hersé. H. 0,305. L. 0,467.

189. — (attribué à). Vue d'un jardin. H. 0,200. L. 0,303.

190. **Rubens (Pierre Paul)** (1577-1640). Saint Sébastien assisté par les anges. H. 0,330. L. 0,275.

191. — (école de) Neptune excitant la tempête contre Ulysse. H. 0,270. L. 0,302.

192. — (école de). Scène de naufrage antique. H. 0,177. L. 0,366.

193. **Sadeler (Gillis)** (1570-1629). Le Combat des Centaures et des Lapithes. De forme ovale. H. 0,247. L. 0,349.

194. — Portrait de Vincentius Muschinger. H. 0,162. L. 0,120.

195. — (**Hans**) (vers 1550-1600). Vierge entourée de Saint Laurent et Saint Étienne. A été gravé. H. 0,228. L. 0,343.

196. — Amour assis tenant une tablette. Signé et daté 1595. H. 0,104. L. 0,086.

197. **Savery (Jacques)** (vers 1545-1603). Paysage de rochers. H. 0,230. L. 0,346.

198. — (attribué à **Jan**) (1597-1655). Paysage lacustre. H. 0,230. L. 0,357.

199. — (**Roelandt**) (1576-1639). Paysage accidenté. Monogrammé et daté 1607. De forme ronde. Diam. 0,293.

200. **Schut (Cornelis)** (1597-1655). L'Assomption de la Vierge. H. 0,350. L. 0,233.

201. — Saint François Xavier distribuant la communion aux Japonais. A été gravé. H. 0,462. L. 0,350.

202. **Schut (Cornelis)**. Le Christ apparaissant à Saint Antoine. H. 0,212. L. 0,178.

203. — Apothéose de Saint Ignace. H. 0,550. L. 0,350.

204. **Snyders (Frans)** (1579-1657). Chienne couchée. H. 0,183. L. 0,240.

205. **Spranger** d'après (**Bartholomaüs**) (1546-1627). Allégorie de la guerre contre les Turcs. H. 0,248. L. 0,196.

206. — (école de) Pallas, Vénus, l'Amour et une Déesse. H. 0,380. L. 0,280.

207. — (école de) Venus, Vénus et Minerve décidant d'envoyer Mercure quérir un juge de leur beauté. H. 0,323. L. 0,400.

208. **Stradamus** (**Jan van der Straet** dit) (1523-1605). Allégorie de la Musique. H. 0,141. L. 0,207.

209. **Teniers** (**David**) dit (**le jeune**) (1610-1690). Cinq études d'un homme grimpant à un arbre. H. 0,285. L. 0,200.

210. — Six études de chiens. H. 0,205. L. 0,178.

211. — Repas de Kermesse. H. 0 221. L. 0,361.

212. **Uden (Lukas Van)** (1595-1672). Paysage. H. 0,136. L. 0,184.

213. **Valkenborgh** (**Lukas Van**) (1540-1625). Vue de la ville de Linz. Monogrammé et daté 1593. H. 0,223. L. 0,344.

214. — L'Artiste dessinant la vue de Linz, fragment coupé du dessin précédent. H. 0,116. L. 0,127.

215. — (attribué à). Album de sept pages de croquis exécutés au cours d'un voyage de Bruxelles à Bâle accompli avec la suite de Marguerite de Parme, vers 1567 ou 1568. H, 0,136. L. 0,180.

216. **Verbeeck (Jan)** dit **Hans de Malines** († après 1619). Sept aveugles à la chasse au porc. H. 0,195. L. 0,281.

217. **Verbeeck (Jan)**. Scène de noce burlesque. Daté 1559. H. 0,133. L. 0,189.

218. **Verdussen (Jan Peeter)** (1700 (?)-1763). Combat de cavaliers. H. 0,209. L. 0,273.

219. **Verhaecht (Tobias)** (1561-1631). Saint Jean à Pathmos. H. 0,240. L. 0,095.

220. — Polyphème, Acis et Galathée. H. 0.228. L. 0,379.

221. — Vue d'une ville dans une vallée encaissée. H. 0,227. L. 0,343.

222. **Vermeyen (Jan Cornelisz)** (vers 1500-1559). Allégorie de la science. Monogrammé et date 1558. H. 0,147. L. 0,200.

223. **Vinckeboons (David)** (1578-1629). Couple assis au bord d'une mare sous bois. Monogrammé et daté 1602. H. 0,227. L. 0,180.

224. — (attribué à). Paysage boisé. Daté 1593 mars. H. 0,231. L. 0,432.

225. **Vlerick** (attribué à **Peeter**) (1539-1581). Deux dessins de forme ronde représentant le triomphe de l'Amour et le triomphe du Temps. Diam. 0,285.

226. **Vorstermann (Lukas Emile)** dit **Le Vieux** (1595-1675). Portrait d'une dame à mi-corps. Signé. H. 0,217. L. 0,152.

227. **Vos (Martin de)** (vers 1531-1603). **Saint Ambroise dans sa cellule.** A été gravé. H. 0,190. L. 0,254.

228. — L'Odorat, allégorie. A été gravé. H. 0,206. L. 0,274.

229. — Le Goût. Allégorie. A été gravé. H. 0,200. L. 0,280.

230. — Le tempérament mélancolique. Signé et daté 1583. A été gravé. H. 0,181. L. 0,248.

231. **Vos (Martin de)**. L'alchimiste. H. 0,183. L. 0,285.

232. — Personnages comparaissant devant une cour de justice. H. 0,254. L. 0,387.

233. — Deux dessins représentant la Fidélité et la Pitié. Ont été gravés. H. 0,120. L. 0,076 et H. 0,124. L. 0,076.

234. **Vrancx (Sebastiaan)** (1573-1647). Soldats maniant le mousquet. H. 0,174. L. 0,297.

235. **Vries (Hans Vredeman de)** (1527-1604). Place bordée de palais. Signé et daté 1560. H. 0,156. L. 0,213.

236. — (**Paul Vredeman de**) (1554-1630?) Palais avec loggia d'ordre composite. Signé et daté 1604. A été gravé. H. 0.227. L. 0,355.

237. — (école des **Vredeman**). Vue d'un jardin. H. 0,170. L. 0.229.

238. **Waël (Cornelis de)** (1592-1662). Quais d'un port. H. 0,197. L. 294.

239. — Diverses scènes de genre sur les quais d'un port. H. 0,210. L. 0,314.

240. **Weerdt (Adriaan de)** (vers 1510 † vers 1590). Ruth et Noëmi. H. 0,138. L. 0,195.

241. **Wierix (Jehan)** (vers 1549 † après 1615). Marcus Curtius se jetant dans le feu. Signé et daté 1573. H. 0,199. L. 0,300.

242. **Witte (Peeter de)** dit **Pietro Candido** (vers 1550 † 1628). Vierge en gloire. H. 0,280. L. 0,194.

GRAVURES SUR BOIS

243. **Anonyme** (fin du xve siècle). Christ de Pitié. Colorié. H. 0,147. L. 0,099.

244. (fin du xve siècle). — Sainte Anne, la Vierge et l'Enfant. H. 0,091, L. 0,072.

245. (fin du xve siècle). — La Trinité entre deux saints. H. 0,128. L. 0,110.

246. (fin du xve siècle). — Sainte-Anne, la Vierge et l'Enfant. Camaïeu rouge et noir. H. 0,07. L. 0,005.

247. (fin du xve siècle). — L'Immaculée Conception. Colorié. H. 0,067. L. 0,046.

248. (fin du xve siècle). — Saint Erasme. Colorié. H. 0,081. L. 0,057.

249. (fin du xve siècle). — Saint Willibrod. Camaïeu gris et noir. H. 0,680. L. 0.05.

250. (début du xvie siècle). — Le bourreau remettant à Salomé la tête de saint Jean Baptiste. Camaïeu rouge et noir colorié de vert. H. 0,071. L. 0,051.

251. (xvie siècle). — Virgile exposé aux moqueries des habitants de Rome suspendu dans un panier. H. 0,281. L. 0,267.

252. (xviiie siècle). — Trois feuilles représentant divers types orientaux, imprimées à Louvain chez Van der Haert en 1789 Chaque feuille. H. 0,353. L. 0,437.

253. **Coecke van Aelst** (d'aprés **Peter**) (1502-1550). Scènes de mœurs en Turquie, Deux feuilles tirées à la série « Les Mœurs et fachons de faire des Turcz... » publiée en 1553 par les soins de sa veuve à Anvers. H. 0,0292. L. 0,466 et H. 0,311. L. 0,388.

254. **Hemskerk (Martin)**. La patience de Job. Monogrammé. H. 0,246. L. 0,194.

255. — L'Enfant prodigue. H. 0,248. L. 0,196.

256. **Jegher (Christoffel)** (vers 1578 † 1652). La marché de Silene. D'après Rubens. (Bazan n° 67, p. 104). H. 0,459. L. 0,344.

257. — Le Repos en Egypte. D'après Rubens. (Bazan n° 23, p. 53). Camaïeu noir et bistre clair. H. 0,468. L. 0,609.

258. — La Tentation du Christ dans le désert. D'après Rubens. (Bazan n° 37, p. 21). H. 0,336. L. 0,445.

259. **Monogrammiste L. L.** (fin du xve siècle). Placard typographique avec un Ecce Homo. H. 0,170. L. 0,116.

260. **Teunissen (Cornelis)** (vers 1530). La Sainte Cène. Pièce de deux morceaux collés ensemble. Monogrammé. B. IX. 1 p. 152. H. 0,305. L. 0,547.

IMPRIMÉS

ANVERS

261. **Denis le Chartreux**. Sermones quatuor novissimorum.... — Mathias Goes, 1487, in-4.

262. Ars notariatus.... — Godefroy Back, [vers 1495], in-4.

263. Dit es dleven ons liefs heeren Jhesu Cristi.... — Henrick Eckert van Homberch, 1503, in-folio.

264. **Voragine (Jacques de)**. Passionael twinter stuc Datmen hier die gulden legende. — Henrick Eckert van Homberch, 1505, in-folio.

265. **Jan Bottelgier** heest dit boeck gemaect gheheeten Sōme ruyrael.... — Anonyme, 1503, in-folio.

266. Dit es dleven ons heeren Jhesu Cristi. — Adriaen van Berghen, 1510, in-folio.

267. Dat heylighe leven ons liefs heeren Jhesu Christi. — Willem Vorsterman, 1512, in-4.

268. ... ghemeyn ēndageliicke aflaten.... — Willem Vorsterman, 1521, in-8.

269. Den Bibel Tgeheele.... — Willem Vorsterman, 1528, in-folio.

270. **Thibault (Jean)**. La triumphe de la paix célébrée en Cambray.... — Willem Vorsterman, [1529], in-4.

271. Dat nyeuwe Testament ons heeren Jesu Christi.... — Willem Vorsterman, 1530, in-8.

272. **De Smet (Andries)**. Dits die eccellente cronike vā Vlaenderē.... — Willem Vorsterman, 1531, in-folio.

273. **Branteghen (Guillaume)**. Pomarium mysticum... animæ christianæ.... — Willem Vorsterman, 1535, in-8.

274. Additie Ampliatie en de Declaratie vā dē costumē... vā Mechelen.... — Michiel van Hoochstraten, [1512?], in-4.

275. D. leven van Sinte Bernaert.... — Claes de Grave, 1515, in-folio.

276. La Saincte Bible en françois.... — Martin Lempereur, 1525-1530, in-folio.

277. Rosarium mysticum animae fidelis.... — Martin Lempereur, 1534, in-8.

278. Enchyridion, ou Manuel contenant plusieurs matieres traictées es livres de Lancien Testament.... — Martin Lempereur et Simon Cock, 1535, in-4.

279. **Osiander (Andrea)**. Harmoniae evangelicae libri quatuor.... — Mathieu Crommius, 1540, in-8.

280. **Le Bron (Nicolas)**. Libellus de utilitate et harmonia artium.... — Simon Cock, 1541, in-8.

281. **Theramo (Jacobus de)**. Belial. — Simon Cock, 1551, in-folio.

282. Dat Vyants net,.... — Simon Cock, 1556, in-8.

283. Sinte Augustinus innige alleen-spraken der Zielen tot Godt. — Simon Cock, s. d., in-8.

284. Dit nyeuwe Testament.... — Henrick Peetersen, 1541, in-16.

285. **Titus Livius**. — Dat is de Roemsche historie.... — Jan Grapheus, 1541, in-folio.

286. **Georgievits (Barthélemy)**. De afflictione tam captivorum, quam etiam sub Turcæ tributo viventium Christianorum.... — Gillis Copyns, 1544, in-8.

287. **Apian (Pierre)**. — La cosmographie.... — Gillis Copyns, 1544, in-4.

288. **Grapheus (Cornille)**. — La tres admirable... entrée... du... Prince Philipes, Prince d'Espaignes... en la... ville d'Anvers..., 1549. — Gillis Copyns, 1550, in-folio.

289. **Goltz (Hubert)**. Vivæ omnium fere imperatorum imagines.... — Gillis Copyns, 1557, in-folio.

290. **Menher (V.)** Practique pour brièvenent apprendre à ciffrer.... — Gillis Copyns, 1564, in-8.

291. **Serlio (Seb.)**. Reigles generales de l'architecture.... — Pierre van Aelst, 1545, in-folio.

292. **Van den Putte (Joachim)**. Eenen claren spiegel der warachtigher christeliicker maechden. — Gregoris de Bonte, [1551], in-8.

293. Dat gheheel nyeuwe Testament ons Heeren Jesu Christi. — Hans van Liesveldt, 1553, in-16.

294. **Darinel**. La sphère des deux mondes.... — Jean Richart, 1555, in-4.

295. Livre artificieux pour tailleurs d'images, paintres, orfevres.... — Jehan Richart, 1560, in-4.

296. Den Bibel.... — Hans de Laer, 1560, in-folio.

297. Die devote meditatiē oft aendach.... — Claes van den Wouvere, 1562, in-8.

298. **Magnus (Olaus)**. Historia de gentibus septentrionalibus.... — Jean Bellère, 1562, in-8.

299. **Damhoudere (Josse)**. Praxis rerum criminalium.... — Jean Bellère, 1562, in-4.

300. **Damhoudere (Josse)**. Paræneses christianæ.... — Jean Bellère, 1571, in-4.

301. **Sluperius (Jean)**. Omnium fere gentium nostræque ætatis nationum habitus et effigies. — Jean Bellère, 1572, in-8.

302. **Verrepe** (Simon). Precationum piarum enchiridion.... — Jean Bellère, s. d., in-16.

303. Die Ghebeden der Bibelen.... — Ameet Tavernier, 1563, in-16.

304. Hortulus animæ.... — Ameet Tavernier, 1564, in-8.

305. Biblia ad vetustissima exemplaria nunc recens castigata.... — Ameet Tavernier, 1570, in-folio.

306. **Sambuc (Jean)**. Emblemata.... — Christophe Plantin, 1564, in-8.

307. **Junius (Adrian de Jonge, dit Hadrianus)**. — Hadriani Junii medici emblemata.... — Christophe Plantin, 1565, in-8.

308. Heures de Nostre Dame, à l'usage de Rome, en latin, et en français. — Christophe Plantin, 1565, in-8.

309. Argonauticon C. Valerii Flacci Setini Balbi Libri VIII.... — Christophe Plantin, 1565, in-8.

310. Fabellæ aliquot Æsopicæ, in usum puerorum selectæ. — Christophe Plantin, 1566, in-16.

311. Les Emblesmes du S. Adrian le Jeune, médecin.... : Faicts François et sommairement expliquez. — Christophe Plantin, 1568, in-16.

312. **Dodonæus (Rembertus).** — Florum et coronariarum odoratarumque nonnullarum herbarum historia.... Altera editio. — Christophe Plantin, 1569, in-8.

313. Het nieuwe Testament.... — Christophe Plantin, 1571, in-8.

314. **Canisius (Petrus).** Institutiones et exercitamenta christianæ pietatis.... — Christophe Plantin, 1573, in-16.

315. Omnia Andreæ Alciati V. C. Emblemata.... — Christophe Plantin, 1574, in-16.

316. **Ludolphe (Frère).** Manuel d'oraisons et prières dévotes sur la vie de Jésus-Christ.... — Christophe Plantin, 1575, in-16.

317. Omnia Andreæ Alciati V. C. Emblemata.... — Christophe Plantin, 1577, in-8.

318. Missale romanum, Ex decreto Sacrosancti Concilij Tridentini restitutum.... — Christophe Plantin, 1577, in-8.

319. **Victor (Aurelius).** Sex. Aurelii Victoris historiæ romanæ breviarium.... — Christophe Plantin, 1579, in-8.

320. Missale romanum, Ex decreto Sacrosancti Concilij Tridentini restitutum.... — Christophe Plantin, 1587, in-8.

321. **Canisius (Pierre).** Institutiones christianæ.... — Christophe Plantin, 1589, in-8.

322. Evangelien ende Epistelen.... — Jan van Waesberghe, 1565, in-16.

323. Die Nieuwe Chronijcke van Brabant.... — Jan Mollijns, 1565, in-folio.

324. Genealogie van den Hertogen ende Hertoghinnen van Brabandt. — S. n. n. d. [Jan Mollijns, après 1562], in-folio.

325. **Guicciardini (Lodovico).** Description de tout le Païs-Bas.... — Guillaume Silvius, 1568, in-folio.

326. Evangelia et epistolæ.... per eruditis Hermanni Torrentini et Georgii Macropedii scholiis illustrata.... — Guillaume Silvius, 1570, in-8.

327. Hortulus anime. Vol alder Devoter gebedekens.... — Jan van Ghelen, 1573, in-8.

328. T' Gulde Gebedeboeck.... — Jan van Ghelen, 1589, in-16.

329. **Van der Voort (Anthonius).** Den Berch van Myrren ende het ziin seven graden der Contemplatien.... — Jan van Ghelen, s. d., in-8.

330. Coustumes et usaiges de la ville taille baillieu et echevinaige de Lille... publiez... le treiziesme jour de Janvier an Mil cincq cent et Trente trois. — Jan van Ghelen, s. d., in-4.

331. **Verrepe (Simon).** Petit manuel d'oraisons chrestiennes.... — Gilles van den Rade, 1574, in-32.

332. **Canisius (Pierre).** Institutions de la piété chrestienne.... — Girard Smits, 1576, in-16.

333. Histoires prodigieuses extraictes de plusieurs fameux autheurs grecs et latins, sacrez et prophanes.... — Guislain Janssens, 1595, in-12.

334. **Hesus (Guillaume).** Emblemata sacra de fide, spe, charitate. — Balthasar Moretus, 1636, in-16.

335. **Van Sichem (Christophe).** Historien ende prophetien wt der H. Schrifturen.... — P.-J. Paetz, 1645, in-8.

336. Perpetua crux, sive Passio Jesu Christi.... — Corneil Woons, 1649, in-12.

337. Le glaive perpétuel de la reine des martyrs.... — Corneil Woons, 1650, in-12.

338. **Volsschatten (G. van).** De Doodt Vermaskert... met de constighe Belden van den vermaerden Schilder Hans Holbeen. — Petrus Bellerus, 1654, in-8.

339. **Heyman (Jacobsz).** Sondaeghsche Schole, ofte Uyt-legginge op de Evangelien.... — Henri van Soest, s. d., in-8.

340. **Robiano (Comte de).** Collection des desseins des figures colossales et des groupes qui ont été faits de neige.... — J.-B. Carstiaenssens et M. Bruers, s. d. [1773], in-8.

BRUGES

341. **Meyer (Jacques)**. Jacobi Meyeri Baliolani Flandricarum rerum tomi X. — Hubert Crok, 1531, in-8.

BRUXELLES

342. **Saint-Simon (Gaspard de)**. Den geestelyken Stryt.... — Bruxelles, Rutgeert Velpius, 1595, in-8.

GAND

343. Les monnoyes d'or et d'argent non valuées de plusieurs royaulmes, pais et villes. — Josse Lambert, 1544, in-16 obl.

344. Ordonnance, statut et permission de l'impériale M. des especes d'aur et d'argēt ayant cours au païs de par deça. Publiée en l'an M. D. XLVIII.... — Josse Lambert, 1552, in-16.

LIÈGE

345. Missale romanum.... — Liège, Gauthier Morberius, 1574, in-4.

346. **Glen (J.-B. de)**. Du Debvoir des filles.... — Jean de Glen, 1597, in-8 obl.

347. Ordonnance et renovation... sur le faict de la monnoye, 1625. — Jérôme Noel, in-4.

LOUVAIN

348. **Rolewinck (Wernerus)**. Fasciculus temporum.... — Jean Veldener, 1476, in-folio.

349. **Rivo (Pierre de)**. Opus magistri Petri de Rivo.... — Louis de Ravescot, [1488], in-folio.

350. Pompa exequiarum catholici Hispaniarum regis Ferdonandi.... — Thierry Martens, 1516, in-4.

351. Dat geheel nieuwe Testament.... — Bartholomæus van Grave, 1548, in-8.

352. **Damhoudere (Joos de)**. Practycke ende handbouck in criminele zacken. — Steven Wouters et Jean Bathen, 1555, in-4.

353. **Sainctes (Claudius de)**. Discours oft corte enarratie, op die beroovinghe der catholycker kercken.... — Jan Bogarts, 1567, in-8.

354. Die Woestinne des Heeren.... — Jan Maes, 1575, in-8.

TOURNAI

355. Presens Breviarium fuit per deputatos Reverendi in xr̄o patris Ei dñi dñi Karoli Tornacensis episcopi.... — Antoine de Rieu, 1059 [*sic* = 1509], in-8.

S. L.

356. Rosetum exercitiorum spiritualium et sacrarum meditationum.... — S. l. n. n., 1494, in-4.

357. **Ludolphe de Saxe**. Boek van den leven ons heeren Jesu Christi. — S. l. n. d., in-folio.

358. Het leven ons Heeren Jesu Christi. — S. l. n. d., in-folio.

359. **Amours (Guillaume)**. [La grande pronosticati] on nouvelle pour l'an mil cinq cenz XVIII. — S. l. n. d. [1517] in-4.

360. **Esope**. [Fables. Traduction latine de Rimicius]. — S. l. n. d., in-folio.

www.ingramcontent.com/pod-product-compliance
Ingram Content Group UK Ltd.
Pitfield, Milton Keynes, MK11 3LW, UK
UKHW020516180726
13839UKWH00005B/2118